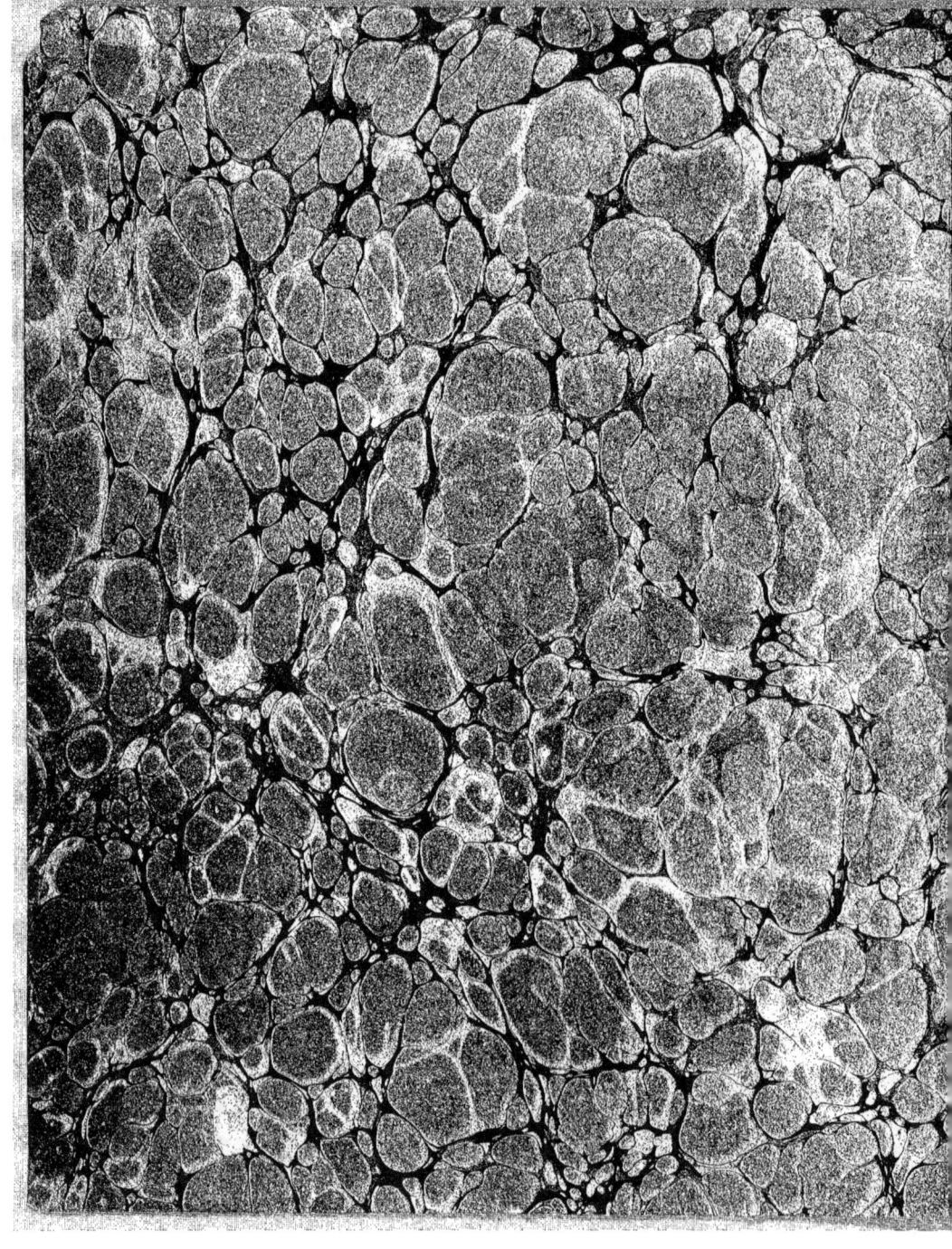

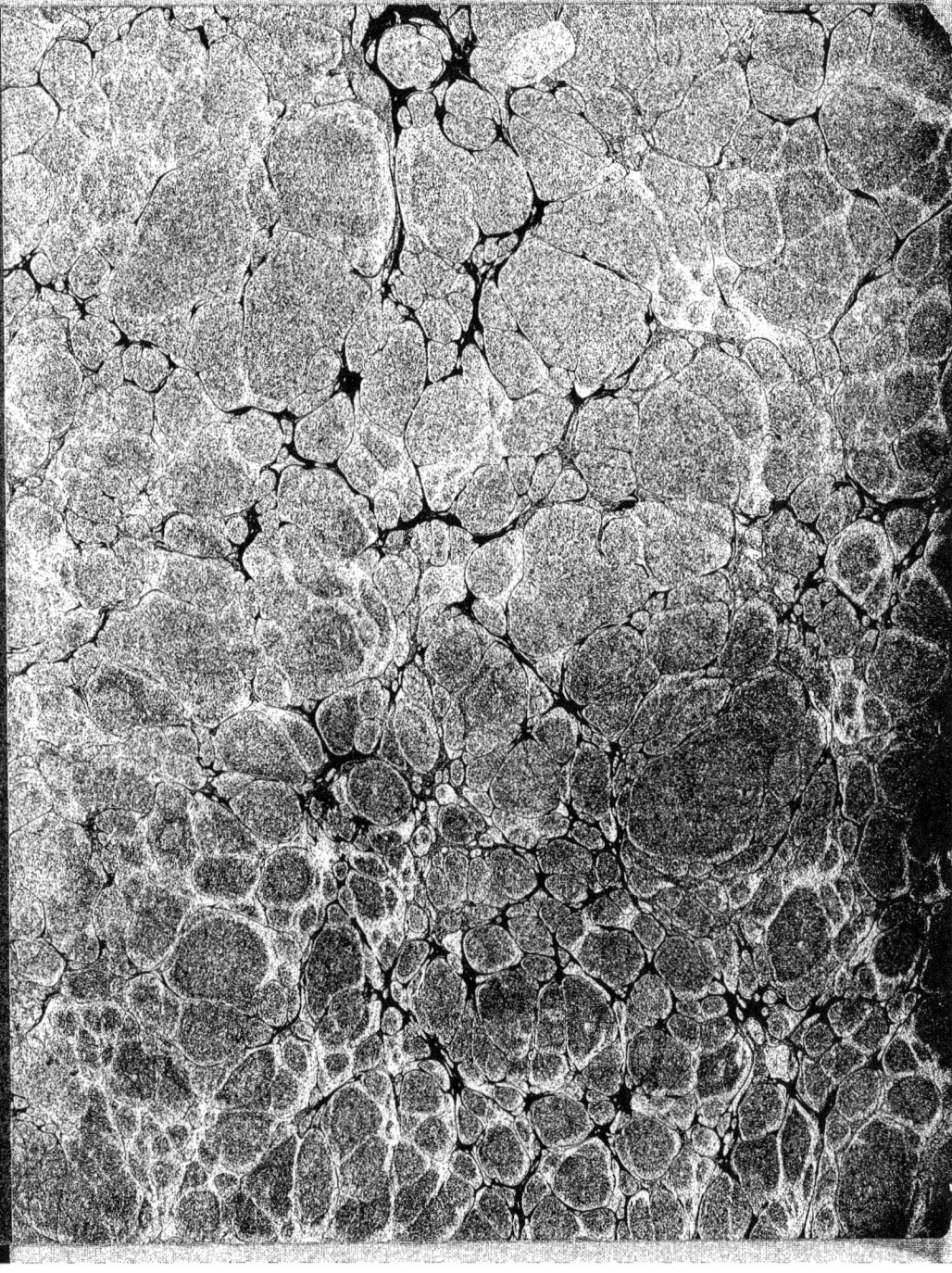

4° V
4506

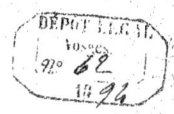

*NOTICE*

sur

# LES PAPETERIES

## des Châtelles et de La Chapelle

NOTICE
sur
LES PAPETERIES

# des Châtelles

et de

# La Chapelle

*(Vosges — Meurthe-et-Moselle)*

1875 - 1894

Louis Geisler, aux Chatelles
*par RAON-L'ÉTAPE (Vosges)*

1894

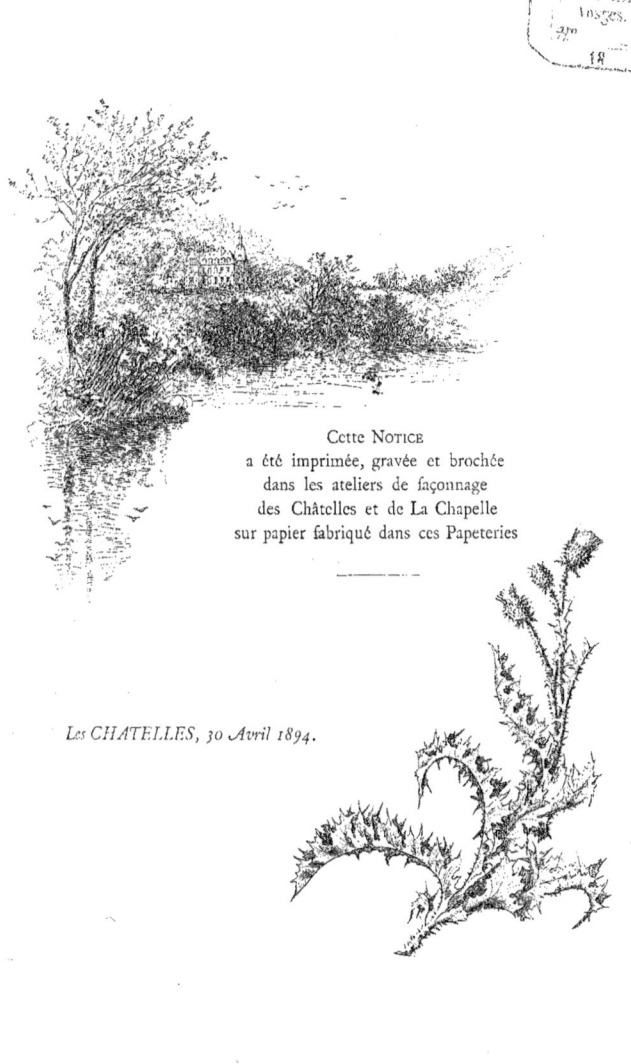

Cette Notice
a été imprimée, gravée et brochée
dans les ateliers de façonnage
des Châtelles et de La Chapelle
sur papier fabriqué dans ces Papeteries

Les CHATELLES, 30 Avril 1894.

Vue de la Papeterie des Chatelles

*Phototype des Chatelles*

Vue de la Papeterie de La Chapelle

*Phototypie des Châtelles*

## Introduction

Une chose particulièrement difficile est de parler de soi avec mesure, sans fatuité ni fausse modestie. C'est pourquoi je préfère reproduire en premier lieu un extrait du rapport de M. Jobez, au nom de la commission de sylviculture de la Société des Agriculteurs de France. Ce rapport, spécialement consacré à l'Industrie du Bois dans les Vosges, s'exprime ainsi au sujet des Châtelles :

« Notre aimable collègue, M. Gazin,

*Spécimen de Gardes pour Ouvrages et Piqûres*

*Les Papeteries des Châtelles & de La Chapelle*

« avait pensé que nous ne pouvions passer près des papeteries sans
« les visiter : grâce à l'obligeance de notre collègue, M. Geisler, nous
« avons pu parcourir ses belles usines ; nous y avons vu les différentes
« transformations de la bûche, moulue d'abord par des meules horizontales
« qui, en consommant d'énormes quantités de force (on ne compte jamais
« que par centaines de chevaux dans cette industrie), réduisent le bois en
« une pâte assez fine pour pouvoir s'agglomérer en papier : ou, si la bûche
« échappe à ces moulins, c'est pour être brisée en copeaux, auxquels une
« longue cuisson dans de vastes chaudières remplies de produits chimiques
« différents suivant les procédés, enlève les matières incrustantes qui
« collent entre elles les fibres de cellulose. On obtient alors une
« magnifique pâte dite pâte chimique (*), tandis que l'autre, moins belle
« mais beaucoup moins coûteuse à produire, prend le nom de pâte
« mécanique.

« Mais M. Geisler ne s'est pas arrêté à la fabrication de la pâte ; il
« la transforme en papier, ce papier même en enveloppes que les
« machines automatiques plient, collent et mettent en paquets ; ou
« bien il en fait des cahiers réglés ; c'est même là sa spécialité. Mais il
« faut que ces cahiers aient de jolies couvertures, et M. Geisler n'a pas
« reculé devant l'installation d'un superbe atelier d'imprimerie et même
« d'un très ingénieux procédé de gravure photographique que l'on
« obtient très facilement à des prix très bas. Et toutes ces belles forêts
« que nous avons visitées, dont nous avons admiré ou critiqué la gestion,
« mais plus généralement admiré, dans les environs de cette usine de
« Raon-l'Étape, le travail des bûcherons, de la papeterie, de l'imprimerie,
« du brochage, ces magnifiques installations aboutiront à produire pour
« quatre à cinq centimes pièce ces petits cahiers : leur transport, leur

---

(*) *C'est seulement la pâte mécanique de bois que l'on fabrique aux Châtelles. Les pâtes chimiques que l'on y mélange sont achetées à d'autres usines.*

*Les Papeteries des Châtelles & de La Chapelle*

« entrepôt, leur vente au détail bénéficieront d'une somme égale et
« parfois supérieure, puisqu'ils se vendront dix centimes.

« M. Geisler est allé plus loin, et son atelier de reliure produit
« ces charmants carnets aussi élégants qu'ingénieux, dont il a bien
« voulu nous faire présent lors de notre départ. Mais nos collègues des
« autres sections auraient aussi de sérieux motifs de faire une visite
« à M. Geisler.

« Travailleur infatigable, il ne se repose de ses soucis industriels
« qu'en installant de belles fermes que nous n'avons fait, malheu-
« reusement, qu'apercevoir. »

Un rédacteur du *Temps*, ancien élève de l'école polytechnique,
a cru devoir aussi publier les lignes suivantes dans ce journal, à la suite
d'une visite qu'il a bien voulu rendre tout récemment aux papeteries
des Châtelles et de La Chapelle, en cours de voyage dans les Vosges.

Avant de céder la parole à Monsieur Frédéric Maurin, je tiens
à exprimer à M. Jobez, ainsi qu'à cet ingénieur distingué, toute ma
gratitude pour leurs bienveillantes appréciations.

Gravure extraite de la nouvelle Collection de Couvertures en couleurs « *Jeanne Darc* ».

Spécimen de Gardes pour Corrigés et Piqûres

*Les Papeteries*
DES CHATELLES
et de
LA CHAPELLE

On n'ignore pas le développement considérable que l'industrie manufacturière a pris dans les Vosges, depuis les néfastes évènements de 1870-71. Nous ne parlons

*Les Papeteries des Châtelles & de La Chapelle*

pas des tissages de coton, dont l'essor factice en ces dernières années crée une situation pleine de périls; mais de la métallurgie, de la fabrication d'objets en métal, de la céramique, de l'industrie du bois et, conjointement à celle-ci, de l'industrie du papier, toutes branches industrielles dont l'importance s'est normalement et rationnellement accrue.

L'industrie du papier et du carton sollicite particulièrement notre attention en raison de ses progrès.

Avant la guerre, on comptait dans les Vosges une douzaine de papeteries dont la production annuelle était évaluée à environ 5 millions de francs. Actuellement le nombre de ces usines a doublé. Quant au chiffre de leur production, il a triplé. C'est indiquer d'un mot la valeur de l'outillage. Il est de premier ordre dans la plupart de ces établissements, surtout dans les nouveaux, qui ont su bénéficier de tous les perfectionnements réalisés depuis vingt ans dans toutes les branches de la mécanique. A la pile à cylindre que l'on employait jadis pour la préparation de la pâte de bois, on a substitué le pulp-engine qui réclame moins de force motrice, produit davantage et détruit les nœuds sans raccourcir la fibre. On a allongé les toiles, ce qui permet, même pour les grandes vitesses usitées aujourd'hui, d'employer des numéros 80.

La capacité des piles, autrefois de 50 kilogr. de papier sec, a été portée à 200, 300 kilogr. et davantage. Et chaque

Gravure extraite de la nouvelle Collection de Couvertures en couleurs « *Jeanne Darc* ».

*Les Papeteries des Châtelles & de La Chapelle*

jour nous voyons accroître la production avec un nombre plus restreint d'outils.

Il y a moins d'un siècle, le papier de chiffons, le seul que l'on connût encore, se fabriquait à la cuve ou à la main, par des procédés tout à fait primitifs qui ne s'emploient plus guère que dans le Puy-de-Dôme. Diderot et d'Alembert n'en constataient pas moins que « les plus belles papeteries de France sont en Auvergne ». Que diraient aujourd'hui les auteurs de l'*Encyclopédie* s'ils connaissaient les usines des Vosges ? S'ils avaient visité les papeteries des Châtelles et de La Chapelle, comme nous avons eu le plaisir de le faire au cours d'un premier voyage sur la frontière ?

C'est à celles-ci que, cette fois, ils décerneraient la palme, encore que leurs pâtes n'aient rien de commun avec les vélins d'Auvergne du siècle dernier, que l'on essaie vainement d'imiter.

Aussi bien le chiffon est devenu trop rare; son prix est trop élevé par suite de la consommation sans cesse croissante du papier, pour permettre l'emploi courant des vélins en question.

Dès le commencement du dix-neuvième siècle, on s'est vu dans l'obligation de chercher des substances isomériques, capables de fournir la cellulose qui commençait à faire défaut. On passa donc en revue à peu près tous les produits du règne végétal, les textiles d'abord, bien entendu : le chanvre blanc

*Les Papeteries des Châtelles & de La Chapelle*

de Haïti, l'agave de Cuba, le diss africain, le genêt d'Espagne, le houblon, le lin commun, le phormium tenax, le jute, l'alfa, le tilleul, le yucca, etc.

Les frais de manipulation qu'exigent ces diverses substances ont porté l'attention de quelques fabricants sur diverses plantes, telles que les algues, le chiendent, les fougères, les lichens, les roseaux, les tabacs; on a proposé aussi certaines racines : carottes, navets, luzerne, sainfoin, etc.

Finalement, ce sont les pailles et les bois que l'on regarde comme les véritables succédanés du chiffon. Contrairement à la plupart des textiles, on débarrasse aisément leur cellulose de la matière inconstante et l'on obtient des fibres souples, faciles à blanchir. Cette cellulose est quasiment identique à celle du lin, c'est-à-dire aux chiffons de meilleure qualité.

| Cellulose ($C^{12} H^{10} O^{10}$) | Lin | Bois |
|---|---|---|
| Carbone | 43,63 | 43,87 |
| Hydrogène | 6,21 | 6,23 |
| Oxygène | 50,16 | 49,90 |

Le papier de bois a donc pris en ces dernières années une place considérable sur le marché et les usines des Châtelles et de La Chapelle, près Raon-l'Étape, comme à peu près toutes celles des Vosges, d'ailleurs, sont spécialement montées pour cette fabrication.

Cahier n° 10.
Le Sergent Blandan au combat de Beni-Mered (1842).

Gravure extraite de la Collection « *Les Colonies Françaises* ».

*Les Papeteries des Châtelles & de La Chapelle*

« La perfection industrielle résulte de la spécialisation de l'outillage, » dit M. A. Prouteaux dans son excellent *Guide pratique de la fabrication du papier* (chez Hetzel). Cette assertion peut être regardée comme un axiome. Aucune faute n'est plus lourde, en effet, et elle est malheureusement encore assez générale, de se servir pour le papier de bois, des appareils ordinaires d'une fabrique de papier alimentée avec des chiffons de toile ou de coton.

Les papeteries des Châtelles sont installées pour fabriquer exclusivement du papier de bois. Jamais un kilogramme de chiffons n'y a été employé depuis leur fondation, en 1878. A l'usine de La Chapelle sont réservées les sortes fines ou celles spéciales nécessitant l'emploi du chiffon. Mais, avant de parler de leur outillage, on nous permettra de tracer brièvement l'historique de ces beaux établissements. Ils le méritent.

M. Louis Geisler, leur propriétaire, appartient à une vieille famille lorraine d'une honorabilité quasi proverbiale. Son père, décédé il y a quelques jours à peine, fut de longues années membre du conseil municipal et de la chambre de commerce de Metz, où il a laissé la réputation d'un homme de haute probité et de haute raison.

Après nos désastres, le cœur ulcéré, il abandonna sa vieille ville, mais sans jamais vouloir entendre parler d'y liquider ses propriétés.

*Les Papeteries des Châtelles & de La Chapelle*

Au sortir de sa majorité, M. Louis Geisler se trouva à la tête d'une fortune qui lui permettait de vivre de ses rentes ; mais noblesse oblige. Le nom qu'il porte est synonyme de travail, a-t-il coutume de dire avec un légitime orgueil, et il en a donné vraiment une belle preuve.

Les pâtes mécaniques de bois ou les pâtes chimiques ne se fabriquent, comme bien l'on pense, qu'avec des essences de bois tendres : peuplier, tremble, sapin, tilleul, pin, bouleau, hêtre, châtaignier, charme ; mais le sapin donne particulièrement une pâte douce garnissant très bien.

Le bois est d'abord écorcé, scié par bouts de 30 à 35 centimètres de long, débarrassé de ses nœuds durs et nettoyé dans toutes ses parties, puis il est râpé parallèlement à ses fibres à l'aide de meules de grès dont le diamètre, l'épaisseur et la disposition varient, mais qui, toutes, exigent une force motrice considérable : on ne peut guère compter que sur une production de 10 à 12 kilogrammes par force de cheval et par vingt-quatre heures.

Une usine de ce genre doit donc, de toute nécessité, être placée sur un cours d'eau et à proximité d'une forêt.

Or, en 1876, M. Louis Geisler, qui avait déjà de gros intérêts dans les Vosges, fut résolûment séduit par le panorama grandiose d'une immense étendue que l'on

# Nos Frontières & Nos Forteresses

**SIÈGE DE BELFORT — 1870-71**
Assaut du Fort des Hautes-Perches par les Prussiens

Gravure extraite de la Collection « *Nos Frontières et Nos Forteresses* ».

discerne des hauteurs environnant Raon-l'Étape. Il y avait là, à quelques kilomètres du bourg, sur un des contreforts de la Pierre d'appel, un endroit absolument désert d'ailleurs, mais délicieusement pittoresque : au nord, la vue de Raon adossé à la montagne boisée de Beauregard et du débouché de la Plaine, encadrée par les montagnes du Fey d'un côté et de Repy de l'autre, avec la Meurthe qui court au fond. A l'est, le petit hameau de Saint-Blaise situé au sortir de la vallée de Ravine noire de forêts, et de celle du Rabodeau. Enfin, en tournant vers le sud, au dessus des éternelles frondaisons des forêts de sapins, entre la Pierre d'appel et le beau massif d'Ormont, une échappée qui faisait battre plus fort le cœur du Messin, une échappée sur la frontière, sur le pays annexé !

Sur-le-champ, M. Geisler décida de planter là sa tente et d'y fonder les deux usines que nous admirons à présent.

Certes, le pays était séduisant, encore que l'hiver y soit long et rigoureux, seulement, à l'exception de la matière première, tout, absolument tout, était à créer ; canaux, barrages en rivière, voies de communication, ce n'étaient que prés fangeux perdus dans la plaine, ponts, bâtiments, forces motrices, et l'homme lui-même, pourrait-on dire, car les ouvriers n'existaient pas et il était de toute nécessité de les recruter sur place. La force hydraulique, sans laquelle cependant il n'y avait rien à entreprendre, la force hydraulique elle-même faisait défaut. La Meurthe coulait bien là, entre deux chaînons des Vosges, mais sans aucun barrage utilisable pour des usines importantes, sans aucuns travaux de nature à donner la vie et la force, la force économique si indispensable aujourd'hui aux grandes tout autant qu'aux petites manufactures.

Que d'hommes, réputés entreprenants, eussent reculé devant une pareille entreprise! M. Geisler n'hésite pas un seul instant. Il dresse d'abord lui-même les plans de ses bâtiments pendant qu'il fait ouvrir les carrières nécessaires à leur élévation, le manque de communications ne permettant pas de profiter de celles existantes dans le pays.

Et l'œuvre commence. En même temps que de vastes et commodes constructions sortent de terre comme par enchantement, des centaines de terrassiers s'occupent au creusement des canaux dont l'un, à lui seul, a une longueur de 1,200 mètres. La roche vosgienne barre parfois le passage, on la fait sauter à la dynamite, et les blocs de granit qu'on en tire vont faire de solides assises aux lourdes machines ou des murs puissants pour porter hardiment les arbres de couche et de transmission.

Puis il construit des barrages, il entreprend d'autres travaux hydrauliques et crée de toutes pièces deux chutes, qui ont 8 m. 10 de hauteur totale et utilisent tous les débits

de la Meurthe. La force ainsi obtenue, produite par quinze turbines, roulant jour et nuit, se monte pour les deux usines à un ensemble de 835 chevaux.

Toutefois, comme la force hydraulique ne peut convenir partout, on installe quatre générateurs à vapeur, de 450 mètres carrés ensemble, une machine Frikart de 200 chevaux et six machines diverses pour 150 chevaux.

Durant le même temps, des

*Spécimen de Cadre pour Couvertures de Cahiers*

Carte d'ensemble des Possessions Françaises et Zones d'Influence en Afrique.

Gravure extraite de la Collection « *Les Colonies Françaises* ».

routes qui se percent, des passerelles, des ponts qui se jettent sur les canaux, sur la rivière, mettent les deux usines en communication facile avec les grandes voies du pays. Des postes téléphoniques s'installent, non seulement d'une usine à l'autre, mais du bureau de la direction dans les divers ateliers. Plusieurs kilomètres de voies ferrées permettent à de nombreux wagonnets de porter les produits d'un atelier dans l'autre, et l'électricité jette et répand partout où besoin est, soit des sonneries, soit des flots de lumière.

Le railway, avec sa station à Raon-l'Étape, était tout près. Ce tout près était encore trop loin, et vite un raccordement est construit, permettant aux wagons de la Compagnie de l'Est d'entrer dans les magasins mêmes des usines, pour y apporter les matières premières et pour en enlever les harasses et les balles de papier.

Enfin, comme corollaire, dès le début de la fabrication sérieuse, M. Geisler crée, au centre de Paris, un dépôt qui est devenu rapidement un des plus importants de la capitale.

M. Geisler commençait par fabriquer la pâte de bois seulement, puis le papier, dès qu'il a été possible de le faire, exclusivement avec les succédanés du chiffon.

Le propriétaire des Châtelles, comprenait, en effet, — il a été à cet égard un des premiers en France, — que les chiffons devaient être exclus des sortes d'un usage courant ou ne devant avoir qu'une durée éphémère et dont la première qualité doit être un excessif bon marché.

Il fallait les réserver pour les sortes de luxe ou pour les sortes destinées à contenir des documents devant passer à la postérité.

Si la vapeur est l'agent de l'activité, si l'électricité rivalise avec l'instantanéité de la parole, le papier est l'agent par excellence de la civilisation et la mission des succédanés doit être de le mettre à la portée de tous. Telle était la pensée de M. Geisler et le but qu'il a poursuivi en s'efforçant de produire les matériaux scolaires à des prix ignorés jusque-là.

Dès 1882, il exclut complètement l'usage du chiffon pour n'employer que les pâtes mécaniques de bois qu'il fabriquait en mélange avec des celluloses chimiques.

C'est ce qui a permis à cette époque de livrer, au grand étonnement de tous, des papiers de couleur au prix de 60 francs, tandis que dix ans auparavant on n'en trouvait qu'à 120 francs et qu'en ce moment même ils valaient encore 90 francs.

L'abaissement de prix des papiers de couleur auquel M. Geisler est parvenu dès 1882 — 60 francs au lieu de 90 — ne l'a pas empêché d'établir à côté de cette fabrication, à l'usine de La Chapelle, l'outillage nécessaire pour traiter les chiffons lorsqu'il s'agissait de sortes spéciales ou quand leur usage le rendait nécessaire.

Entrer ici dans les détails de la fabrication nous

MARGUERITE de VALOIS

Gravure extraite de la Collection « *Les Noms de nos Filles* ».

conduirait trop loin. Nous nous contenterons de donner, sans décrire les diverses machines, un rapide aperçu des transformations par lesquelles passent une bûche de pin sylvestre ou un morceau d'épicéa pour devenir une main de papier ou un cahier d'écolier.

A leur entrée dans les usines, les bûches de sapin, ainsi que nous l'avons déjà indiqué, sont attentivement écorcées et débarrassées des nœuds

*Spécimen de Gardes pour Corrigés et Piqûres*

*Les Papeteries des Châtelles & de La Chapelle*

et de toutes les impuretés qu'elles pourraient renfermer et qui nuiraient à la propreté de la pâte.

Elles passent ensuite, pour être désagrégées, dans onze défibreurs, sept raffineurs, quatre mélangeuses et quatre piles. Toutes ces machines qui ont besoin, comme l'on sait, de grandes forces hydrauliques pour être entraînées, concourent successivement à la préparation des pâtes et du papier, lesquels nécessitent pour leur fabrication d'énormes quantités d'eau : 11,000 litres à la minute, fournis par quatre pompes.

Naguère, la besogne du fabricant de papiers s'arrêtait à la mise en rames et le plus grand nombre des papeteries se tiennent encore dans ces limites.

Mais la lutte économique devenant de plus en plus vive, il était tout naturel, tout indiqué, que M. Louis Geisler, avec son esprit novateur, se lança hardiment dans ce qu'on nomme le façonnage.

Pour cette transformation du papier, il fallut appeler et former de nouveaux ouvriers, construire de nouveaux ateliers et les garnir de nouvelles machines ; de ce côté non plus rien n'a été négligé.

L'atelier où se confectionnent les enveloppes de toutes sortes et de tous formats, comporte, sans parler d'un certain nombre de pédales ordinaires, huit presses spéciales pour leur impression et des machines automatiques à grande vitesse

Michel de l'Hospital.

Gravure extraite de la Collection « *Les Noms de nos Fils* ».

*Les Papeteries des Châtelles & de La Chapelle*

des tout derniers systèmes français et étrangers. Certaines de ces machines plient, collent et gomment les enveloppes tout à la fois; le travail se faisant automatiquement, la mécanicienne peut compter et mettre sous bande les enveloppes en surveillant la marche de la machine.

L'atelier de reliure est monté avec tous les outils permettant de coudre au fil de lin, dorer, gauffrer, numéroter, rogner, perforer automatiquement à l'aide des machines les plus perfectionnées.

Au façonnage du papier et des papeteries est joint un matériel pour fabriquer les boîtes de toutes natures, imprimées en typographie, lithographie ou phototypie dans les ateliers de la papeterie.

Quant à la fabrication des cahiers, comme elle a été l'objet des plus grandes attentions de tout le personnel pour son montage, qu'elle est de beaucoup la plus importante et que son succès grandit de jour en jour, on nous permettra d'en parler plus longuement, d'autant que nous ne connaissons rien de mieux en France.

Nous y voyons figurer plusieurs rogneuses dont quelques-unes à trois, les autres à quatre faces; deux machines à plier le papier; des couseuses au fil métallique; d'autres couseuses au fil de lin qui ont permis de livrer jusqu'à 50,000 cahiers par jour; dix presses typographiques, lithographiques ou rotatives à taille douce, uniquement occupées à l'impression

*Les Papeteries des Châtelies & de La Chapelle*

des couvertures illustrées en teinte, en noir ou en chromo que la maison édite; un atelier complet de composition typographique avec sa clicherie, sa fonderie de blancs et sa galvanoplastie.

Elle a aussi organisé un atelier de reproduction par la photogravure, où se font les clichés des illustrations, car les illustrations de ces cahiers sont inédites, signées de noms d'artistes connus, de même que le texte, rédigé en vue de répondre aux programmes scolaires.

Nous allions oublier cinq machines à régler en feuilles, de l'avant-dernier modèle. Nous disons avant-dernier, car nous en apercevons d'autres, d'un système tout nouveau, dessinées, composées et exécutées par M. Geisler, qui en a pris les brevets.

Ces régleuses-coupeuses, leur nom l'indique, règlent le papier en bobines et le coupent en même temps à tous les formats désirés. Elles rendent possibles, — c'est là un des points par lequel elles diffèrent sensiblement de leurs aînées, — toutes les réglures avec arrêtés, et cela à des vitesses qu'atteignent difficilement les anciennes machines pour réglures ordinaires. Si nous joignons à ce grand avantage, — dû au réglage et à la coupe simultanés, — la suppression du double triage qui est indispensable avant et après la réglure avec les autres systèmes, on comprendra leur supériorité: celles de pouvoir faire des réglures, même

*Cahier d*................ *Appartenant à* ................

*Histoire de l'Habitation* — Habitations Gauloises et Germaines

Gravure extraite de la Collection « *Souvenirs de l'Exposition Universelle (1889)* ».

avec arrêtés, sur papier continu, de tous formats indifféremment, et à des prix très modérés encore que rémunérateurs.

L'éloignement d'un atelier de construction capable de satisfaire les installations nouvelles, construire les machines spéciales dont nous avons parlé et entretenir le matériel considérable que renferment ses usines, a forcé M. Geisler à installer des ateliers renfermant des outils permettant de travailler les pièces les plus fortes comme les turbines, les grosses machines spéciales à la fabrication de la pâte de bois et du papier, rouleaux de presse et de calandre, aussi bien que celles, plus délicates, employées pour l'impression, la réglure et le façonnage du papier.

Une forge, une fonderie de bronze, un tour à fosse pouvant recevoir des pièces de 4 mètres de diamètre et d'un poids de 5,000 kilos, une série de six tours parallèles, dont l'un avec banc en fonte de 8 mètres de longueur, machines à percer, étaux limeurs, raboteuse, machine à diviser et tailler les engrenages, machines à fraiser universelles, meules émeri, lapidaire, poinçonneuse, etc., composent l'outillage destiné au travail des métaux.

La partie qui concerne le travail du bois, quoique moins importante, est cependant assez étendue parce qu'elle comprend :

1º L'établissement des modèles pour la fonte des pièces

Spécimen de Cadre pour Couvertures de Cahiers

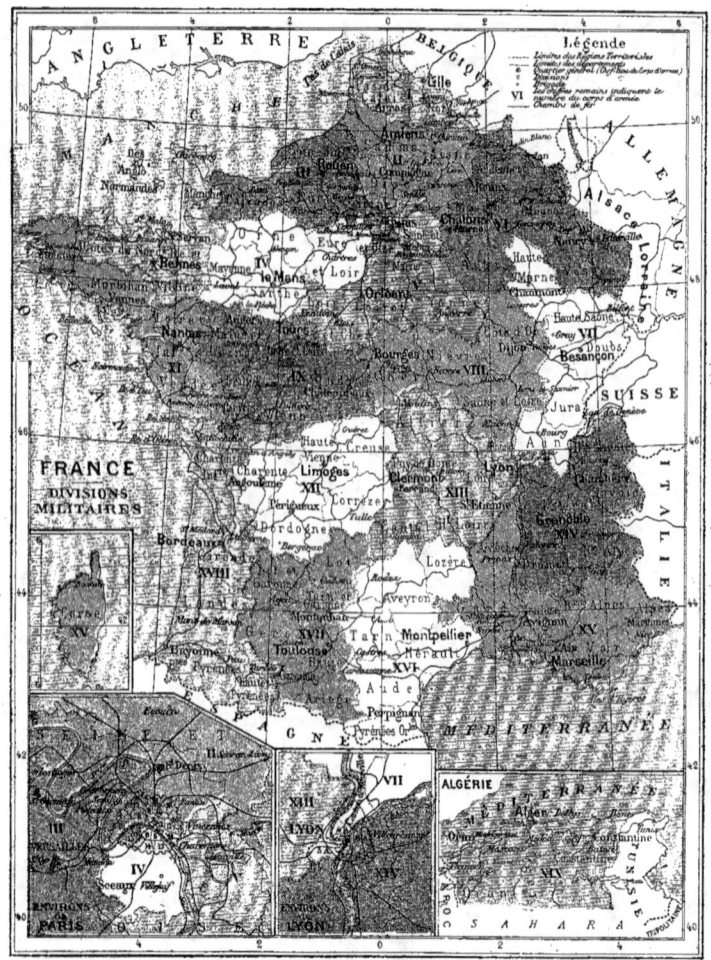

*Reproduction typographique des Papeteries des Châtelles.*

## AUTOUR DU DRAPEAU TRICOLORE (1789-1889)

*par le général THOUMAS.* — *200 Illustrations de SERGENT*
(Extrait de l'ouvrage publié par A. Levasseur et Cⁱᵉ, 33, rue de Fleurus, à Paris).

Les Zouaves a Melegnano

Gravure extraite de la Collection « *Autour du Drapeau Tricolore (1789-1889)* ».

manutention des produits entre les usines et aux livraisons à la clientèle des dépôts.

Son outillage comprend : scies à ruban, scies circulaires, tour à bois, machine à raboter, toupie pour la fabrication des madriers employés aux bobineuses et ses profils divers, machine à fabriquer la laine de bois pour l'emballage des articles de papeterie.

2º La maison, exploitant elle-même les coupes de bois de l'État et les forêts qu'elle achète pour y trouver le bois nécessaire à la fabrication de la pâte de papier, a été amenée pour tirer parti des bois dont les dimensions, la qualité ou l'essence ne permettaient pas de les réserver à cette fabrication, à installer une scierie avec grande scie alternative pour les gros blocs, scie à ruban à long chariot, scie à dédoubler les madriers, scies circulaires.

Une partie des sciages est réservée aux besoins des usines ; le reste est livré au commerce.

Il n'est guère possible, à l'heure présente, de parler de grandes usines comme celles des Châtelles et de La Chapelle sans dire quelques mots des institutions sociales qui peuvent y être introduites. Remarquons donc qu'à cet égard M. Geisler s'est fait un devoir de respecter en tout la liberté des ouvriers : aider, mais ne rien imposer, telle a été sa règle de conduite. Il n'a pas fondé d'économat, mais il a proposé aux ouvriers de se grouper pour obtenir, à

*Les Papeteries des Châtelles & de La Chapelle*

l'aide d'adjudications, de meilleurs prix des fournisseurs. Il n'a pas fait de caisses de retraites, mais, quand les ouvriers le lui demandent, il leur avance tous les fonds nécessaires pour acheter des maisons ou des terrains qu'ils remboursent petit à petit et selon leurs moyens. Chacun est libre de prendre ce qui lui convient ; pas de types de maison imposés, pas de terrains désignés à l'avance, et par suite même résultat. Il est donc inutile de créer des caisses de retraites. Les institutions qui s'imposent ont leur mauvais côté ; ce n'est que trop souvent la tyrannie affublée du faux-nez de la liberté.

Les ouvriers sont simplement assurés contre les accidents et la maison entre pour une bonne part dans le payement des primes, pendant que, guidée par l'Association fondée pour étudier la manière de les éviter, elle est arrivée à en réduire le contingent au dernier minimum. Les engrenages ont été couverts, les poulies sont munies de porte et de monte-courroies, les calandres et presses sont protégées, et on y monte des rouleaux engageurs autant que possible. Les « règlements », toujours remaniés, mettent l'ouvrier en garde contre ses propres imprudences.

Les jeunes gens, dès leur entrée et pendant leur apprentissage, gagnent tout de suite ; ceci afin de permettre aux plus nécessiteux d'apprendre un métier. C'est par ce moyen

Cloître de la Cathédrale de Saint-Dié

Gravure extraite de la Collection « *Vues et Monuments de la France* ».

*Les Papeteries des Châtelles & de La Chapelle*

que la maison a pu créer la majeure partie du personnel qui peuple aujourd'hui ses ateliers.

En résumé, en une quinzaine d'années, un homme, avec ses seuls capitaux, a créé de fond en comble les deux belles usines des Châtelles et de La Chapelle. Canaux, barrages, ponts, raccordements, constructions de tous genres, tout absolument était à faire, et tout, absolument aussi, a été mené à bien.

Plus de 800 chevaux-hydrauliques et 350 chevaux-vapeur actionnent des machines de toute espèce et donnent une production mensuelle de plus de 250,000 kilogrammes de papiers, pour la plupart façonnés.

Là, où n'existait que la solitude, des centaines d'ouvriers et d'ouvrières trouvent maintenant une existence assurée. Tous ou presque tous sont des enfants de la contrée; même — on peut s'en enorgueillir — les ouvriers photograveurs, qui n'ont pas eu la peine de quitter les usines pour être initiés aux opérations délicates de leur partie, ayant été, presque pour tout, mis au courant par M. Geisler lui-même. Il en a été ainsi en général pour les diverses professions, et nous croyons savoir qu'elles sont au nombre d'une trentaine aux Châtelles.

C'est à la réunion, à la concentration sur un même point et sous une direction unique de ces nombreuses professions qu'est certainement due la fabrication économique à laquelle on arrive aux Châtelles, résultat dont on sait, du reste, faire profiter la clientèle.

LILLE — Episode du Siège de 1792

Gravure extraite de la Collection « *Nos Frontières et Nos Forteresses* ».

*Les Papeteries des Châtelles & de La Chapelle*

Pour en donner une idée, disons que le mille de couvertures de cahiers, « Les Noms de nos Filles », par exemple, peut être livré à moins de 18 francs, quoique dorées et imprimées en quatre couleurs, prix qui laisse encore un bénéfice normal.

Mais c'est dire en même temps ce qu'il a fallu de patience, de temps et d'essais, et, partant, d'argent sacrifié, pour en arriver là : prendre dans la forêt voisine une bûche de sapin, lui faire subir quinze ou vingt transformations successives et ne la laisser sortir des Châtelles que métamorphosée en une chromotypographie, c'est-à-dire presque en une œuvre d'art ! Et cela uniquement avec le secours d'un personnel tiré d'une petite localité de province, dont les occupations, il y a quelques années encore, étaient absolument tout autres.

C'est égal, on a beau être un esprit novateur, on a beau savoir que l'avenir appartient aux manufacturiers les mieux outillés, à ceux que ne rebuteront ni les surprises, ni les déceptions, il fallait encore posséder au suprême degré le feu sacré du commerce et l'enthousiasme de l'industrie.

Ce n'est pas sans motif, on le sait, que M. Louis Geisler s'est établi à deux pas du pays annexé. L'honorable Messin a édifié là, au-dessus de ses usines, sur l'orée de la forêt, un joli castel Henri II qui domine tout le pays et dont l'élégant campanile semble de loin un poste-vigie sur la frontière. Il pourrait, du reste, absolument en servir, et le

*Les Papeteries des Châtelles & de La Chapelle*

château des Châtelles figure sur nos cartes militaires comme un retranchement possible.

Ajoutons que M. Geisler préside avec ardeur la Société de Tir de Raon-l'Étape, malheureux bourg qui a subi l'invasion jusqu'au 26 juillet 1873 et où la haine de l'envahisseur demeure particulièrement vivace.

Trop rares vraiment sont les hommes — les capitalistes surtout — de ce caractère. Aussi nous sommes-nous fait un plaisir de signaler les belles et bonnes œuvres auxquelles M. Geisler use son infatigable énergie et nous tenons, en terminant, à lui adresser nos bien sincères félicitations.

Frédéric MAURIN.

*(Extrait du journal « Le Temps »).*

*Spécimen de Cadre pour Couvertures de Cahiers*

*Les Papeteries des Châtelles & de La Chapelle*

## LES PAPETERIES
## DES CHATELLES & DE LA CHAPELLE

### à l'Exposition Internationale de Chicago en 1893

Extrait du Rapport de M. Camille Krantz, Commissaire général

M. Geisler *(Louis)*, aux Châtelles, par Raon-l'Étape (Vosges).

C'est la première fois que M. Geisler présente au public dans une exposition officielle les produits nombreux et d'ordre varié qu'il fabrique dans ses usines des Châtelles et de La Chapelle.

Fondée en 1875, cette maison a pris rapidement une importance que met en évidence l'énumération des outils qu'elle emploie et des travaux qu'elle exécute.

11 défibreurs et leurs accessoires fournissent la pâte mécanique à deux machines à papier, dont la production annuelle s'élève à 2,600,000 kilogrammes de papiers à imprimer, blancs, bulles et colorés, de papiers parcheminés, de papiers à lettres vergés et vélins fabriqués presque en totalité avec des succédanés.

10 machines à imprimer en typographie, lithographie et taille-douce pour cahiers d'écoliers, 7 machines dites *à pédale* pour l'impression des

*Les Papeteries des Châtelles & de La Chapelle*

enveloppes, 8 machines à régler, 5 machines à coudre, 2 plieuses, 8 rogneuses, des cisailles, des perforeuses, des folioteuses, des presses pour la reliure et le façonnage des cahiers, constituent un outillage puissant qui permet à M. Geisler de livrer chaque année 3,250,000 cahiers d'écoliers et de faire dans ses ateliers 220,000 piqûres, 45,000 brochures et 3,300 registres.(*)

La fabrication des enveloppes et des boîtes pour papeteries constitue une des branches de cette industrie.

La force employée dans les diverses usines est de 835 chevaux hydrauliques et de 350 chevaux-vapeur.

Quelques-unes des collections de couvertures illustrées éditées par M. Geisler ont été vues dans les vitrines de tous nos papetiers; il suffit de les nommer pour les faire revivre devant les yeux: *Autour du drapeau tricolore, Les Colonies françaises, Les noms de nos fils, Les noms de nos filles, Nos frontières*, etc.

La pâte de bois mécanique est la principale matière employée dans ces usines; elle a permis à M. Geisler de livrer ses papiers à un prix extrêmement bas.

*Commissaire-Rapporteur pour le Comité 20*: M. BLANCHET,
Fabricant de Papiers.

---

(*) *Cette production a déjà été dépassée dans les 7 premiers mois de la présente année.*

*Les Papeteries des Châtelles & de La Chapelle*

# Les Papeteries

## DES CHATELLES & DE LA CHAPELLE

*à l'Exposition Universelle de Lyon — 1894*

### PRINCIPAUX OBJETS EXPOSÉS:

Les pâtes de bois mécaniques de tremble, de pin et d'épicéa ;
Les papiers écoliers en bulle et blanc ;
Les papiers à lettres vélins et vergés ;
Les bulles pour administrations ;
Les papiers de couleur ;
Les parcheminés.

*Parmi les Articles de Façonnage, il faut citer :*

Les bandes télégraphiques et serpentins ;
Les enveloppes de lettres ;
Les pochettes et boîtes de papeterie dont les papiers sont souvent ornés de vignettes en photogravure ou phototypie *(des spécimens sont reproduits dans cette Notice)* ;
Les réglures de toutes sortes pour écoliers, registres, papiers à lettres, factures ;
Les piqûres, brochures, corrigés, carnets et registres en tous genres ;
Les cahiers d'écoliers pour lesquels la maison a édité les collections de couvertures suivantes :
*Souvenirs de l'Exposition de 1889;* illustrations en photogravure d'après photographies ;

*Les Papeteries des Châtelles & de La Chapelle*

*Autour du Drapeau Tricolore ;* collection en chromotypographie extraite de l'ouvrage illustré du général Thoumas ;

*Les Colonies Françaises,* d'après des dessins spéciaux à la plume. Cette collection donne l'histoire, l'ethnographie et la géographie de chaque colonie ;

*Les Noms de nos Filles.* Cette série tirée en chromotypographie contient l'histoire des femmes célèbres qui ont illustré chacun des noms portés par les jeunes filles.

*Les Noms de nos Fils* forme une collection qui est pour les garçons ce que la précédente est pour les jeunes filles.

Dans *Nos Frontières et nos Forteresses,* l'on apprend à connaître l'histoire de chacune des villes fortifiées qui gardent les frontières terrestres, les sièges qu'elles ont subis et les faits d'armes qui s'y rapportent. Cette collection va se compléter des places fortes du littoral et des grands ports de guerre.

Enfin pour terminer une collection « *Jehanne Darc* » retrace la vie de l'héroïne.

Toutes ces collections sont ornées de dessins inédits d'illustrateurs connus, tels que Sergent et Bombled, et le texte en a été très soigné de manière à les rendre instructives et attrayantes. Les planches employées pour l'impression en couleurs et en bronzes de ces couvertures ainsi que pour celle de tous les autres articles, sont exécutées dans les ateliers de gravure de la maison. Des spécimens de ces planches figurent à l'exposition.

Signalons aussi des albums de phototypie et des reproductions de gravures.

---

Dans la classe 42, groupe VIII, est exposée une machine à régler, brevetée par la maison, et construite dans ses ateliers. Cette machine

*Les Papeteries des Châtelles & de La Chapelle*

règle le papier en bobine, et le coupe ensuite à tous les formats usités. Elle peut produire en 10 heures 300 rames de réglure ordinaire, ou 150 à 200 rames de réglure avec arrêtés. La réglure se faisant en même temps que la coupe et à grande vitesse, les frais sont considérablement diminués ; réglant en bobine on évite les doublés qui se produisent avec les machines à régler ordinaires. Ces dernières nécessitent du papier trié, qu'il faut visiter à nouveau après réglure ; avec la machine nouvelle, on n'a plus à faire qu'un triage à la sortie de la machine, d'où encore, économie de main-d'œuvre. Quant à la réglure avec arrêtés, on sait que sur les machines ordinaires elle exige une marche très lente ; sur la machine exposée elle se fait avec une vitesse que les machines à régler en feuilles atteignent à peine pour la réglure continue.

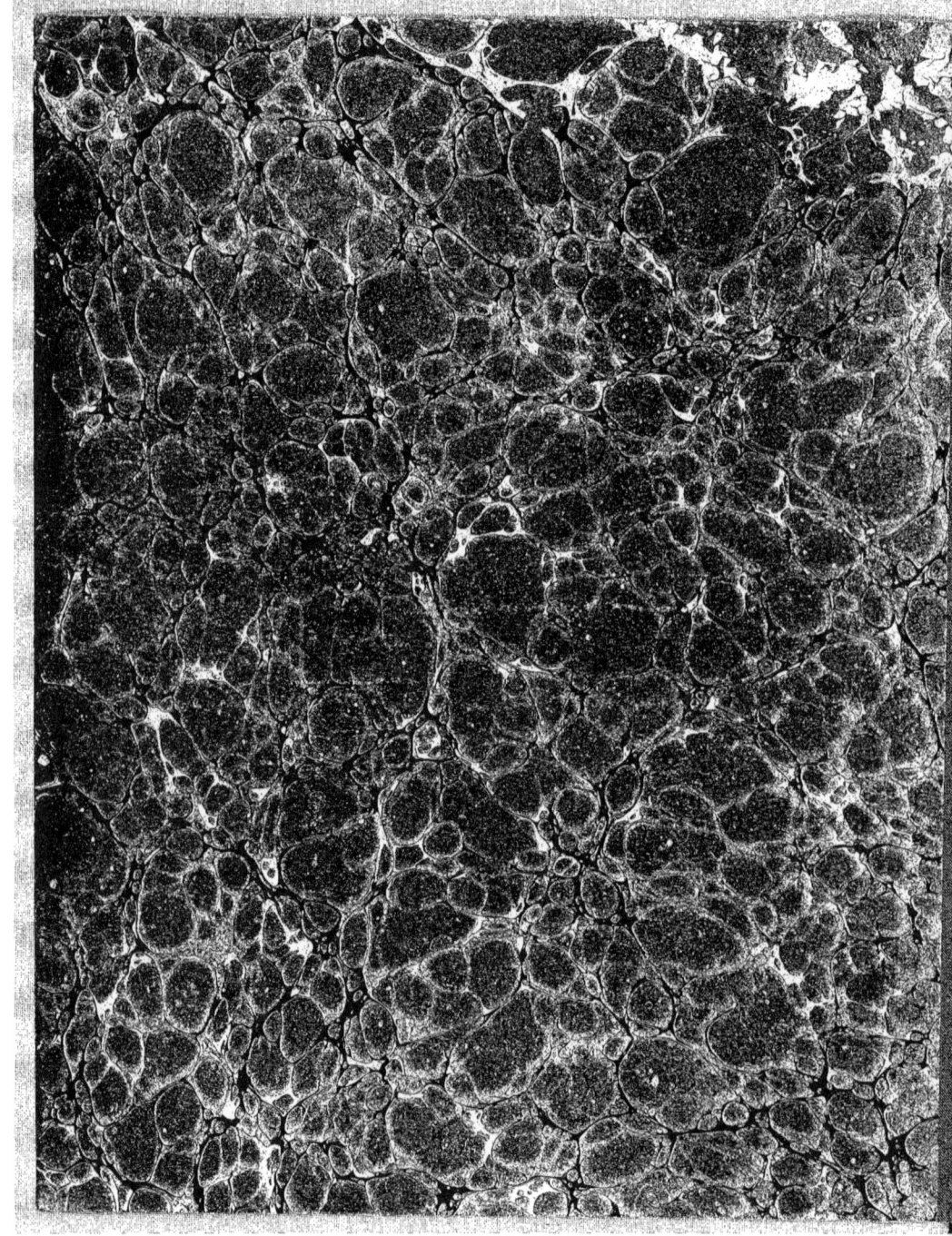

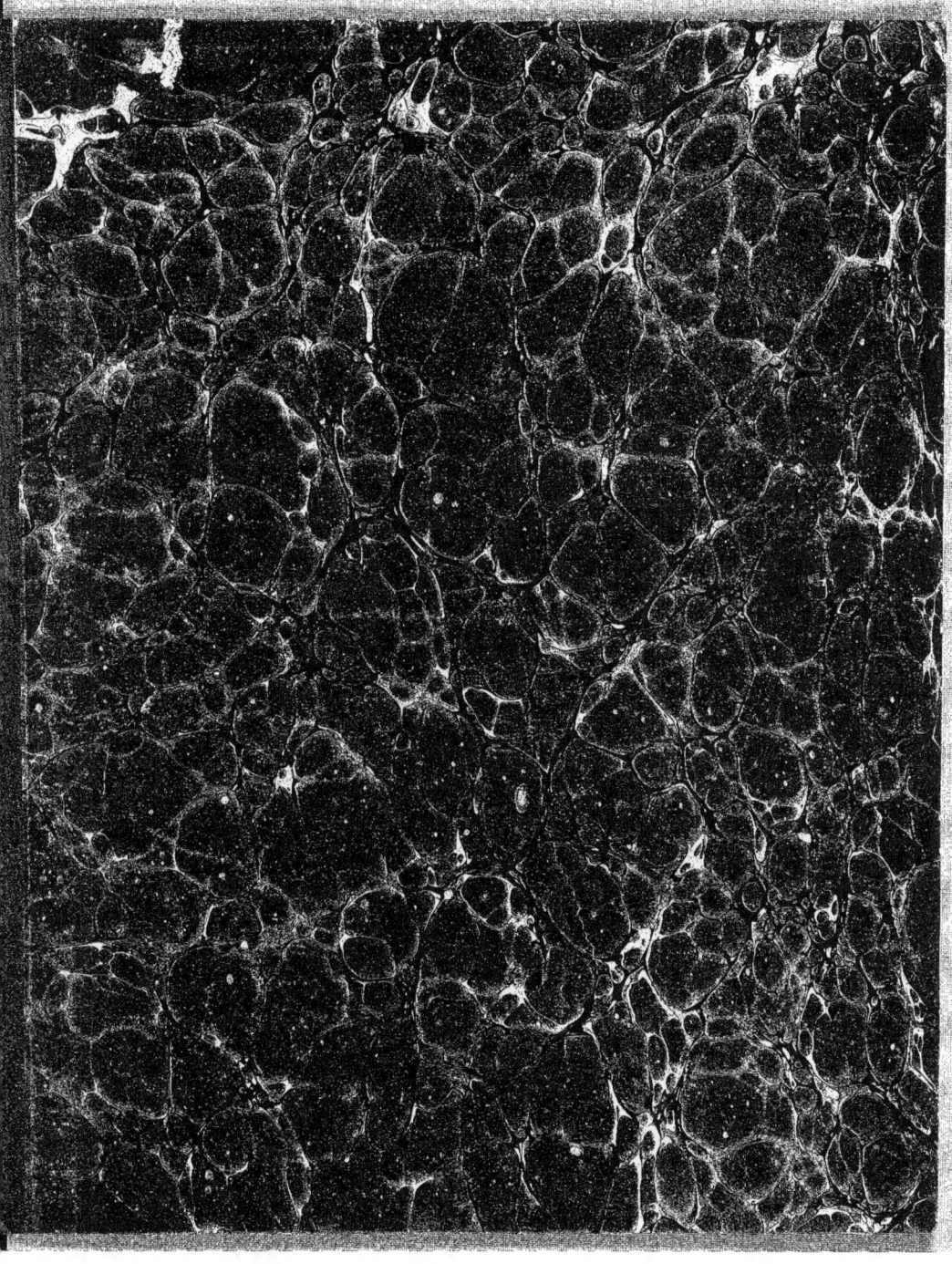

www.ingramcontent.com/pod-product-compliance
Lightning Source LLC
LaVergne TN
LVHW051501090426
835512LV00010B/2274